Die Schatzkammer 16

FAYENCEN

deutscher Manufakturen

aus der
Staatlichen Galerie Moritzburg
in Halle/Saale

Einführung und Erläuterungen von
Eva Wipplinger
und 32 Abbildungen von
Wieland Krause

PRISMA-VERLAG LEIPZIG

ISBN 3-7354-0033-7

© Prisma-Verlag Zenner und Gürchott, Leipzig 1965
3. verbesserte Auflage 1990
© Prisma-Verlag Leipzig, 1990
L. N. 359/425/12/90
Printed in the German Democratic Republic
Gesamtherstellung: Druckhaus Aufwärts Leipzig GmbH III/18/20-3220
Gestaltung: Renate Reitz-Schiwek

Einführung

Wir können uns heute nur noch schwer vorstellen, welche Rolle die Fayence im täglichen Leben der Menschen des 17. und 18. Jahrhunderts spielte. In der Gegenwart sind Fayencen Sammelobjekte; von der Technik und den vielseitigen Anwendungsformen in früherer Zeit bestehen Vorstellungen durch Aufzeichnungen und Anfertigungslisten. Im 17. und 18. Jahrhundert hatten Fayencen eine derartige Bedeutung für den Gebrauch, daß man in Fachkreisen von einem »Fayencezeitalter« spricht.

Fayencen, also Töpferwaren mit einer Zinnglasur, waren keine neue Erfindung, aber man kann diesen im 17. Jahrhundert entstandenen Begriff nicht unbedingt auf ältere Zeiten übertragen. Die Anfänge der Herstellung von Keramiken, die der Fayence technisch schon beinahe entsprachen, liegen etwa 5 000 Jahre zurück; bei den Ägyptern, Babyloniern und Persern gelangte die Keramik zu hoher Blüte. Vor allem im islamischen Bereich entwickelte sich dann die Fayenceproduktion.

Mit der Ausbreitung des Islam kam die Fayence über Spanien nach Europa. Ein großartiges Beispiel mittelalterlicher Fayencekultur ist die mit Fayencefliesen verkleidete Alhambra bei Granada. Die Hauptzentren der spanischen Fayenceherstellung lagen in den Provinzen Granada, Valencia, Malaga und Murcia. Über den Umschlaghafen Majorca wurden sie in Italien eingeführt und erhielten deshalb die Bezeichnung »Majolika«. Wegen der großen Nachfrage bemühten sich die Italiener, die Importe durch heimische Erzeugnisse zu ersetzen, die andere Dekore und Glasuren aufwiesen und mehr an die eigene Töpfertradition anknüpften. Unter den verschiedenen Herstellungszentren trat Mitte des 15. Jahrhunderts besonders Faenza hervor. Die Faentiner Erzeugnisse waren im In- und Ausland sehr begehrt. In Frankreich gab man ihnen den Namen Fayence, und diese Bezeichnung ging dann auch in den deutschen Sprachgebrauch ein.

Bis dahin hatte man sich in fürstlichen und privaten Haushalten mit

Steinzeug-, Zinn-, Glas- oder Holzgeräten begnügt, auch Silber- oder vergoldete Geräte wurden benutzt. Als die Ostindische Kompanie ostasiatisches Porzellan nach Europa einführte, wurde es zum begehrten Tafelschmuck, denn es war allen bis dahin bekannten Tafelgeräten weit überlegen. Dieses »Weiße Gold« zu besitzen, war Ehrgeiz der Fürsten, des Adels und des reichen Bürgertums. Doch die über weite Strecken transportierte zerbrechliche Ware war selten und kostspielig. Da der Bedarf keineswegs gedeckt werden konnte, begann man das Porzellan durch die Fayence zu ersetzen, die sich im Gebrauch und im Aussehen nur wenig von ihm unterschied.

Die ostasiatischen Vorbilder haben auf die Keramikproduzenten lange Zeit anregend gewirkt. Stets waren die Hersteller bemüht, Fayencen zu produzieren, die dem Porzellan möglichst gleichwertig waren. So bildeten sich komplizierte Verfahren zur Aufbereitung des Töpfertones heraus, der aus den verschiedensten Erden gemischt wurde. Man brachte den Ton mit der Drehscheibe oder durch Modelle in die gewünschte Form und brannte ihn vor. Die Brennöfen mußten in der Lage sein, Temperaturen bis zu 1000°C zu erzeugen. Nach dem Erkalten tauchte man den porösen gelblichgrauen oder rötlichen bis bräunlichen Scherben in eine dicke weiße Zinnglasur, die nach dem Brande den Scherben vollkommen verdeckte. Auf den nur angetrockneten Glasurüberzug trug der Maler mit sicherem Pinsel die in Wasser angerührten Schmelzfarben auf. Sie verbanden sich sofort mit der porösen Unterlage und machten dadurch Korrekturen schwierig. Im darauffolgenden Scharffeuerbrand verband sich die Zinnglasur mit den dekorativ aufgemalten Farben zu einem festen Überzug. Die Anzahl der Farben, die die hohe Temperatur des scharfen Brandes vertrug, war gering. Es sind dies die sogenannten Scharffeuerfarben: Kobaltblau, Antimongelb, Manganviolett, Bolusrot und Grün, das aus Gelb und Blau gemischt wurde. Später kamen noch Schwarz und Braun dazu. Für den Fayencemaler bestand die Schwierigkeit darin, daß er die Nuancen und den Farbzusammenklang seiner Arbeit erst nach dem Brennen erkennen konnte, da sich die Farben beim Brande stark veränderten. Selbstverständlich wußte er um diese Veränderungen, und man muß die Geschicklichkeit und Erfahrung der Fayencemaler hoch einschätzen, die die leuchtenden Farben zu einem harmonischen Ganzen zu verbinden verstanden.

Es gab noch eine andere Technik der Bemalung, die nicht so hohe

Temperaturen erforderte und damit eine reichere Farbpalette möglich machte, die sogenannte Muffelmalerei. Man nennt sie so nach den Muffeln, tönernen oder gußeisernen Kapseln, die die Gegenstände bei dem erforderlichen dritten Brande vor dem Feuer sowie vor Staub und Schmutz schützten. Die Farben wurden auf die bereits fertig gebrannte Glasur aufgetragen. Bei diesem Verfahren standen dem Maler alle Farben einschließlich Gold zur Verfügung. Sie verschmolzen nicht mit der Glasur und wurden dadurch leichter abgegriffen als Scharffeuerfarben. Genügte die Fayence trotz der Muffelmalerei noch nicht den künstlerischen Ansprüchen, konnte man sie nachträglich durch die sogenannte Kaltbemalung verbessern, bei der die Farben nur auf die Glasur aufgetragen, aber nicht gebrannt wurden. Der große Nachteil der Kaltbemalung war ihre geringe Haltbarkeit.

Das ostasiatische Porzellan beeinflußte die Fayence nicht nur durch seine technischen, sondern auch durch seine künstlerischen Qualitäten. Jahrhunderte hindurch hatten Chinesen und Japaner Form und Dekor des Porzellans vervollkommnet, bis vollendet schöne Gefäße entstanden. Man übernahm in Europa die abgerundeten, eleganten Formen und die harmonische Farbgebung, also den in China zur Ming-Zeit üblichen blauen Dekor auf weißem Grund. Auch die bildlichen Darstellungen sowie Pflanzen und Tiere folgten häufig ostasiatischen Vorbildern. Anfangs war die Malerei meist eine mehr oder weniger getreue Nachahmung. Es gab selbstverständlich auch rein europäische Stücke. Vor allem seit der Erfindung des Porzellans in Meißen, das dann wieder die Fayence beeinflußte, setzte sich diese Geschmacksrichtung immer mehr durch. Im 18. Jahrhundert, vorwiegend zur Zeit des Rokoko, liebte man die Chinoiserie, eine phantastische märchenhafte China-Imitation, die äußerst heiter und reizvoll ist, aber mit der chinesischen Wirklichkeit kaum noch etwas gemein hat.

In Deutschland war der Keramik, wie allen anderen Kunstgattungen im 17. Jahrhundert, durch den Dreißigjährigen Krieg keine kontinuierliche Entwicklung vergönnt. Ein Vorläufer der Fayence war schon im 16. Jahrhundert die Hafnerkeramik, die neben Blei- auch Zinnglasuren aufwies. Beispiele dafür sind buntglasierte Ofenkacheln und mehrfarbig bemalte Gefäße, die besonders aus Nürnberger und Hamburger Werkstätten hervorgingen. Es handelte sich dabei um Produkte kleiner Handwerksbetriebe. Erst als die Folgen des großen Krieges überwunden waren, entstanden Fayencemanufakturen, in denen die einzelnen Arbeitsvorgänge streng getrennt waren. Es gab Fachkräfte für die Aufbereitung des Tones, für das Brennen, das Modellieren und dann vor allem für die Bemalung.

Ein trauriges Kapitel in der Geschichte der Fayencemanufakturen ist die wirtschaftliche Situation der Arbeiter. Neben der Nachtarbeit führen die Quellen Frauen- und Kinderarbeit bei unglaublich langer Arbeitszeit und schlechter Bezahlung an. Hatten die Besitzer der Manufakturen kein Geld, so kam es in einigen Fällen, wie zum Beispiel in Ludwigsburg, vor, daß statt des Lohnes Fayencen oder Naturalien ausgegeben wurden, die von den Arbeitern selbst umgesetzt werden mußten. Meist waren die Künstler sozial besser gestellt als Dreher, Former, Brenner und andere Arbeiter.

Jeder der kleinen deutschen Landesfürsten war bestrebt, sein Geld nicht nur für holländische Fayencen und ostasiatisches Porzellan auszugeben, sondern im eigenen Lande eine lebenskräftige Wirtschaft aufzubauen. Dieses merkantile Streben gab den Anstoß zur Gründung der vielen deutschen Fayencemanufakturen. Die Herrscher konnten nunmehr auf billige Weise die Bedürfnisse ihrer eigenen Hofhaltung decken und mit modernsten prunkvollen Zier- und Gebrauchsgegenständen wie Tafelgeschirr und Tafelschmuck repräsentieren, sie im eigenen Lande verkaufen und möglicherweise in Nachbarländer exportieren. Doch gab es auch noch andere Ursachen für die Gründung so vieler fürstlicher Porzellanmanufakturen. Es war Mode, Fayencen und Porzellane zu besitzen und zu sammeln. So wurde es für die Herrscher eine Frage des Prestiges, eine Fayencemanufaktur, später eine Porzellanmanufaktur im Lande zu haben. Doch nicht alle Manufakturen wurden von Fürsten ins Leben gerufen und von diesen auch zum Teil unterhalten, wie Bayreuth, Berlin, Braunschweig, Dresden, Saalfeld oder Kassel. Vor allem in den norddeutschen Städten wie Stralsund und Kiel waren es oft bürgerliche Unternehmungen.

Am Anfang holte man häufig Holländer zu Hilfe, vor allem, wenn es um die Lösung technischer Probleme ging. Die erste deutsche Fayencemanufaktur entstand 1661 in Hanau am Main durch die Niederländer D. Behagel und J. van der Walle. Bald folgten Heusenstamm und 1665 Frankfurt am Main, das besonders schöne, qualitätvolle Stücke lieferte, viele in der reizvollen Blaumalerei chinesischer Art. Jede Manufaktur hatte ihre Eigenheiten, sowohl technisch als auch künstlerisch. Der Ton war unterschiedlich, meist schon durch seine Färbung; auch der Glanz der Glasur und die Schönheit der Farben waren nicht immer gleich. Hanauer Fayencen ähneln oft den Frankfurtern; in Straßburg entstanden Fayencen mit auffallend farbiger, lebendiger Blumenmalerei. In den thüringischen Manufakturen erfreuten sich Walzenkrüge besonderer Beliebtheit. Sogar die Manufaktur eines so kleinen Fürstentums wie Anhalt-Zerbst, die sich in Zerbst befand, schuf Stücke von erlesener Vollkommenheit. So könnte man die Besonderheiten aller deutschen Manufakturen aufzählen, ihre Vielseitigkeit ist bewundernswert.

Die Fayencemaler, soweit sie sich schon einen Ruf als Künstler erworben hatten, signierten zuweilen die von ihnen gemalten Stücke mit ihrem vollen Namenszug oder auch nur mit dessen Anfangsbuchstaben, der Meistermarke. Die bekannteste Künstlerfamilie unter den Fayencemalern ist die von Löwenfinck, die neben dem bekannten Adam Friedrich von Löwenfinck (1714–1754) auch eine Künstlerin aufzuweisen hat, seine Frau Serephia von Löwenfinck (1728–1805). Löwenfinck war ab 1727 als Blumenmaler in Meißen ansässig. Nach seiner Flucht aus der Porzellanmanufaktur arbeitete er in verschiedenen Fayencemanufakturen. So war er entscheidend an der Gründung der Manufaktur in Höchst beteiligt. Auch die Geschichte der Manufakturen von Straßburg und Hagenau ist mit der Familie von Löwenfinck verknüpft. Ebenso sind Johann Kaspar Rib, auch Ripp (1681–1726), und der von der Porzellanmalerei kommende Joseph Philipp Dannhöfer (1712–1790) als bedeutende Künstler zu nennen. Beide waren in mehreren Manufakturen tätig. Namen wie der des Thüringer Malers Johann Martin Frantz aus der 1. Hälfte des 18. Jahrhunderts und des sich besonders durch seine Blumenmalerei auszeichnenden J. S. F. Tännich (geb. 1728, noch um 1785 tätig) haben wie die vieler anderer Künstler in der Geschichte der deutschen Fayence Rang und Ansehen.

Nicht nur in den Manufakturen wurden Fayencen bemalt, sondern auch von sogenannten »Hausmalern«, die sich oft unter schwierigen Umständen unbemalte Stücke aus den Manufakturen beschafften und diese dann besonders farbenreich gestalteten, da sie sich nur der Muffelmalerei bedienten.

Die Motive waren vielfach nicht freie Erfindung des Künstlers. Auf die Verwendung ostasiatischer Vorbilder wurde bereits hingewiesen.

Daneben standen dem Maler Kupferstiche zur Verfügung, vor allem Ornament- und Pflanzenstiche. Die Götter- und Heldensagen der Antike waren beliebt, ebenfalls die für das Rokoko so bezeichnenden galanten Szenen. Man hielt sich dabei aber nicht eng an die Vorbilder, sondern veränderte sie und paßte sie den Gefäßformen an.

Künstler und Handwerker wanderten von Manufaktur zu Manufaktur. Facharbeiter waren überall begehrt, doch die nähere Bestimmung einzelner Stücke wird dadurch erschwert. Nicht immer haben Fayencen auf ihrer Unterseite eine Fabrikmarke, nach der die Herkunft des Stückes einwandfrei nachweisbar ist. Die Marke sollte das Stück als Erzeugnis einer bestimmten Manufaktur kennzeichnen, damit es im eigenen Lande ungehindert gehandelt werden konnte, wogegen eingeführte Fayencen mit Zoll belegt oder gar nicht verkauft werden durften. Aus diesen handelstechnischen Gründen blieben viele Fayencen ohne Marken, um ihre Herkunft zu verschleiern. Das alles erschwert heute die Vorstellung von Umfang und Sortiment einzelner Manufakturen, wenn auch hierüber verschiedene Dokumente, zum Beispiel aus Stockelsdorf, erhalten geblieben sind.

Als Modellschatz finden wir in den Anfertigungslisten die verschiedensten Krugtypen, Teller und Terrinenformen des gesamten Eßservices, Tafelschmuck, Toilettengegenstände, Leuchter, Wandblaken, Figuren, Reliefs, Öfen, Tassen und vieles andere mehr. In den Jahren 1773 bis 1775 wurde sogar ein Fayencealtar aus vielen Einzelteilen für die Buxsche Freundschaftskapelle in Schrezheim angefertigt. Es gab Manufakturen, die in erster Linie für den großen höfischen Bedarf tätig waren, wie etwa Dorotheenthal oder Berlin. Im allgemeinen jedoch wurde alles hergestellt, was verkäuflich war. Die Qualitätsunterschiede in Bemalung und Form beruhen auf dem unterschiedlichen Können der Arbeiter und Künstler, wurden aber auch durch die Ansprüche der Käufer bestimmt.

Der niemals grelle oder kalte, im Gegensatz zum Porzellan stets warme Farbton der Glasur macht die Fayence anheimelnd und schafft ein Gefühl des Behaglichen und Intimen. Dieser Eindruck wird durch die Bemalung noch verstärkt. Man spricht bei verschiedenen Erzeugnissen geradezu von »Fayencewundern«. Die Formgebung der Fayencen – woher sie auch kommen mögen – ist stets wohlausgewogen und vollendet. Der Zweck bestimmte die Form; viele Kannen, Teller und anderes mehr waren so gut gestaltet, daß sie auch heute noch beispielgebend wirken. Sie stehen sicher auf ihrer Unterlage, und von den Henkelkrügen gewährt jeder einzelne das vorteilhafteste Halten und Tragen. Der gegenwärtig als Sammelobjekt so beliebte Enghalskrug verhindert das Entweichen der Duftstoffe der Getränke. Dosen und Terrinen in Form von Spargelbündeln, Kohlköpfen oder Tiergestalten sollten den Geschmack und die jeweilige Besonderheit der Speisen noch mehr hervorheben. Für sie wie für viele andere Fayencegegenstände finden wir heute keine Verwendung mehr. Sie sind ursprünglich für die großen Schauessen der Barockzeit entstanden und als Ausdruck ihrer Zeit zu werten.

Auch nach Erfindung des Porzellans in Deutschland Anfang des 18. Jahrhunderts ersetzte die Fayence immer noch das chinesische und auch das teure deutsche Porzellan. Als sich jedoch die Porzellanherstellung gegen Ende des 18. Jahrhunderts verbreitete und verbesserte und Porzellan billiger wurde, verlor die Herstellung von Fayencen ihre Bedeutung. Mit der Erfindung des billigen englischen Steingutes war dann das Schicksal der meisten Fayencemanufakturen besiegelt. Die Ornamente des Barock und Rokoko, die Kartuschen, das Laub- und Bandelwerk und die Rocaillen kamen der Fayencetechnik entgegen, da die dickflüssige Zinnglasur auf gerundeten Formen besser haftet.

Die durchsichtige dünne, etwas bleihaltige Glasur des Steingutes hingegen kam auf den eckigen und kantigen Formen der Zeit um 1800 besser zur Geltung. So ging eine Fayencemanufaktur nach der anderen ein, weil kein Bedürfnis mehr nach Fayencen bestand.

Noch zu Beginn unseres Jahrhunderts konnten bei einiger Geschicklichkeit des Käufers leicht große Privatsammlungen entstehen, und auch die Museen begannen, systematisch ihren Bestand zu erweitern. Die Bedeutung der gesamten Thüringer Manufakturen und die Besonderheiten der Fayencen wurden überhaupt erst um die Jahrhundertwende entdeckt und gewürdigt. Die Sammlerfreude öffnete allerdings der Spekulation Tür und Tor.

Da nur eine zahlenmäßig beschränkte Anzahl diesem Bedarf gegenüberstand, gestalteten geschickte Fälscher Erzeugnisse bekannter Manufakturen nach, wobei sie sich hinsichtlich Form, Farbe und Dekor eng an die Vorbilder hielten. Auch Marken und Signaturen wurden gefälscht. So bietet selbst ein signiertes Stück keine Gewähr für Echtheit.

Überraschend ist, daß es auch schon alte Nachahmungen gibt, zum Beispiel die Kopien Straßburger Stücke durch die Kieler Manufaktur. Nur jahrelange Erfahrungen und eine gründliche Kenntnis bieten heute Gewähr für eine einigermaßen sichere Beurteilung.

Die Forschungen, die sich mit der Geschichte, Technik und den künstlerischen Eigenarten der einzelnen Manufakturen beschäftigen, sind auch heute noch nicht abgeschlossen. Noch immer gelingt es, die Bedeutung einzelner Künstler besser zu erfassen, Signaturen zu entziffern oder die Tätigkeit bisher vermuteter Manufakturen zu belegen, wie beispielsweise Manufakturen in Altona bei Hamburg und in Berlin.

Noch bis in die Gegenwart erfreuen Fayencen den aufgeschlossenen Betrachter oder Sammler, reizen sie den Forscher zu vielschichtigen Untersuchungen und geben Formgestaltern und Keramikern mannigfaltige Anregungen. Betrachtet man Fayencen, so hat man niemals den Eindruck von Disharmonien, sondern stets das Gefühl von Wohlausgewogenheit. Sie sind farbenfreudig, ohne aufdringlich bunt zu sein und verdienen die Aufmerksamkeit der Kunstfreunde sowie eine hohe ästhetische Wertschätzung.

In jüngster Zeit werden Fayencen wieder in zunehmendem Maße hergestellt. Neue Dekore und Formen kennzeichnen die Stücke jedoch als moderne Arbeiten.

1 Nürnberger Teller von 1536

2 Rasierbecken aus der Erfurter Manufaktur

3 Schokoladenkanne mit bayrischem Wappen

4 Der Enghalskrug wurde von einem Nürnberger Hausmaler bemalt

5 Ein Enghalskrug aus Ansbach

6 Bayreuther Teller mit Paradiesvogel in Blaumalerei

7 Fächerplatte mit ostasiatischen Motiven aus Hanau,
der ältesten deutschen Manufaktur

8 Chinoiserien schmücken den Frankfurter Birnkrug

9 Vasen, wie diese aus Ansbach, waren beliebte Ziergegenstände

10 Hamburger Krug in Blaumalerei

11 Bauchige Vase aus Rudolstadt

12 Figur aus Höchst, um 1770

13 Kaffeekanne aus Moosbach mit deutscher Blumen- und Vogelmalerei

14 Die Hängevase ist eine der wenigen signierten Fayencen aus Gera, die sich
erhalten haben

15 Eulenspiegelmotive schmücken die beiden Vasen aus Berlin

16 Platte mit einer galanten Szene, Hannoversch-Münden

17 Dieser Truthahn wurde zum Servieren von Pasteten verwendet

18 Magdeburger Fayence mit deutschen Blumen in Blaumalerei

19 Teller mit Laub- und Bandelwerk, Bernburg

20 Erfurter Walzenkrug mit Chinesen in einer Landschaft

21 Sternschüsselchen mit Monogramm und Inschrift

22 Tüllenvase mit plastischem Griff in Eidechsenform
aus Dorotheenthal

23 Helmkanne mit geriffelter Wandung, Zerbst

24 Walzenkrug aus Ansbach mit Darstellung einer Wildschweinjagd

25 Potpourris versorgten die Räume mit Blütenduft

26 Der schlichte Henkeltopf bezeugt das Formgefühl des Keramikers

27 Berliner Stangenvase mit einer stark geriffelten Wandung

28 Terrine mit Deckel und plastischem Knauf, Niederweiler

29 Die Göttin Guan Yin wurde nach einer chinesischen Porzellanfigur geformt

30 Zierlicher Enghalskrug aus Schrezheim mit gerippter Leibung

31 Schreibzeuggarnituren waren häufig hergestellte Gebrauchsgeräte

32 Tafelaufsätze zierten bei festlichen Anlässen die gedeckten Tische

Erläuterungen zu den Abbildungen

Einband

Enghalskrug. Höhe 27 cm, Nürnberg, bemalt vom Hausmaler Bartholomäus Seuter vor 1754
Auf dem Deckel befindet sich eine in Rot gemalte Plakette, die den Gott Amor in einer Landschaft zeigt. Der Krug zeichnet sich durch zierliche Bemalung der Details aus, wie eine Rankenbordüre am Fuß oder eine vierteilige Schleife am geflochtenen Henkel. Flatternde Schleifen halten die Blumensträuße zusammen. Dazwischen sind Vögel, Insekten und Schmetterlinge zu sehen.

Abbildung 1

Teller. Durchmesser 36 cm, Nürnberg, 1536
Bildnis eines Patriziers in Blau. Die Haare sind manganviolett, der untere Rand des Kragens und die Einfassung der Ärmel gelb.
Dieser Teller ist eine der frühesten deutschen Fayencen und gehört zu den Vorläufern, wie sie in Nürnberg und Hamburg hergestellt wurden.

Abbildung 2

Rasierbecken. Höhe 6 cm, Durchmesser 22 cm, Erfurt, um 1750
Das Beispiel zeigt die unterschiedlichen Verwendungsmöglichkeiten der Fayencen. Die Blumen- und Kreuzornamente sind in Manganviolett, Grün, Blau und Gelb gemalt.
Die Manufaktur in Erfurt, eine der bekanntesten in Thüringen, bestand von 1716 bis 1792.

Abbildung 3

Schokoladenkanne. Höhe 13,2 cm, Ansbach/Bayern, 1. Hälfte 18. Jahrhundert
Das bekrönte bayrische Wappen ist in der gleichen blauen Farbe gemalt

wie der schmale Ornamentstreifen am oberen Rand. Die uns heute so modern anmutende Form des Zapfengriffes ist hier schon verwendet. Die Manufaktur wurde von Markgraf Friedrich Wilhelm von Ansbach gegründet; Pächter war Georg Christoph Popp. Zu ihren bedeutendsten Malern gehörte Johann Kaspar Rib (Ripp), der vorher in Hanau und Frankfurt/Main tätig war.

Abbildung 4

Enghalskrug. Höhe 27 cm, Nürnberg, Ende 17. Jahrhundert
Der Krug mit Zinnmontierung wurde von einem Nürnberger Hausmaler in Purpur gemalt und zeigt »Die Schlacht zwischen Türken und Christen« nach einem Schabkunstblatt von Georg Philipp Rugendas. Die Hausmaler bemalten in Stücklohn die fertig gebrannten weißen Gegenstände.

Abbildung 5

Enghalskrug. Höhe 25 cm, Ansbach, Mitte 18. Jahrhundert
Der blaue Krug mit Zinnmontierung kann als Beispiel für die Verschmelzung der verschiedenen Motive gelten. Die Landschaft, mit einem Chinesen im Vordergrund, wird von Akanthusranken, einem europäischen Barockornament, begrenzt.

Abbildung 6

Teller. Durchmesser 22,5 cm, Bayreuth, 1. Hälfte 18. Jahrhundert
Der Teller zeigt die Hauptmotive der Bayreuther Blaumalerei, Fruchtkörbe und Vögel. Er trägt die um 1730 in Bayreuth übliche Marke BK (Bayreuth-Knoeller).
Die Manufaktur wurde 1719 gegründet, 1728 an Johann Georg Knoeller verpachtet und bestand bis 1788.

Abbildung 7

Fächerplatte. Durchmesser 38 cm, Hanau, 1. Hälfte 18. Jahrhundert
Die Blaumalerei mit ostasiatischen Motiven ist mit einigen Abwandlungen in Bemalung und Form ein charakteristisches Kennzeichen der Hanauer Manufaktur.

Abbildung 8

Birnkrug. Höhe 21 cm, Frankfurt/Main, um 1700
Die Bezeichnung erklärt sich aus der Form. Der Dekor ist ein chinesisches Motiv. Verschiedene Figuren beleben eine stilisierte Hügellandschaft mit Bäumen und Wasser.
Die Blaumalerei verstärkt den Eindruck des Porzellanhaften. Die Zinnmontierung hat auf dem Deckel ein Monogramm.
Die Manufaktur in Frankfurt am Main arbeitete von 1666 bis 1772.
Kennzeichnend sind die starke Anlehnung an Delft und die Bevorzugung der Blaumalerei.

Abbildung 9

Zwei Vasen. Höhe 14,5 cm, Ansbach, Anfang 18. Jahrhundert
Beide Vasen, ursprünglich mit Deckel, haben eine gerippte Balusterform und einen manganvioletten Fond. Die weißen Felder sind mit ostasiatischen Blumen geschmückt. Die Vasen tragen eine Fabrikmarke.

Abbildung 10

Krug. Höhe 30,3 cm, Hamburg, um 1680
Der mit einem Windrad spielende Knabe auf diesem bauchigen Krug ist ebenso wie die Blumen- und Rankenverzierung in Blaumalerei dargestellt. Am Kragen, Schoß und der Hose des Gewandes sind gelbe Streifen angebracht. Ein Zinndeckel bildet den Verschluß. Der Krug wurde wahrscheinlich von Portugiesen, die nach Hamburg ausgewandert waren, angefertigt. Die Frage der Herkunft Hamburger Fayencen ist neuerdings umstritten.

Abbildung 11

Vase. Höhe 22 cm, Rudolstadt, 1. Hälfte 18. Jahrhundert
Bei dieser bauchigen Vase mit Blumenmalerei ist das Manganviolett zu stark aufgetragen und erscheint deshalb nach dem Brennen braun. Die Vase weist eine Fabrik- und Künstlermarke (RF) auf.
Eine Manufaktur war in Rudolstadt seit 1720 bekannt; 1809 wurde die Produktion eingestellt. Die Gründer waren Daniel Christoph Fleischhauer und Johann Philipp Frantz; beide waren bereits in anderen Manufakturen tätig.

Abbildung 12

Figur. Höhe 16 cm, Höchst, um 1770
Die figürliche Plastik nimmt innerhalb der vorgestellten Fayencensammlung einen großen Raum ein. Auffallend bei dieser Knabenfigur mit dem schwarzen Hut, der lavendelfarbenen Jacke und dem grünen Standsockel ist die Nachahmung der deutschen Porzellanplastik. Sogar die beliebten Streublümchen des Porzellans sind auf der Jacke zu sehen. Die Porzellanmanufaktur in Höchst gestaltete im 18. Jahrhundert viele figürliche Gruppen. Die Höchster Fayencemanufaktur bestand von 1746 bis 1798. Zahlreiche Künstler waren hier beschäftigt, wie Friedrich und Ignaz Heß und Adam Friedrich von Löwenfinck, der die Manufaktur von 1746 bis 1749 leitete.

Abbildung 13

Kaffeekanne. Höhe 20 cm, Moosbach/Baden, 2. Hälfte 18. Jahrhundert
Die bauchige Kanne mit deutscher Blumen- und Vogelmalerei in Scharffeuerfarben ist in Form und Dekor nach Porzellanvorbildern gestaltet.
Die Manufaktur in Moosbach bestand von 1770 bis 1836. Es wurde meist einfaches Gebrauchsgeschirr mit Blumenmalerei hergestellt.

Abbildung 14

Hängevase. Höhe 10 cm, Gera, um 1760
Die stilisierten etwas steifen Blumen auf diesem Gefäß sind in Manganviolett, Blau und Gelb gemalt. Die Vase gehört zu den wenigen erhaltenen Fayencen aus Gera, die als Signatur die volle Ortsbezeichnung tragen. Die Nachrichten über den Betrieb sind spärlich, er soll aber zwischen 1750 und 1780 zu einem der besten in Thüringen gezählt haben.

Abbildung 15

Zwei Flaschenvasen. Höhe 25,5 cm, Berlin, 1. Hälfte 18. Jahrhundert
Beide Vasen in Blaumalerei zeigen das Motiv von Till Eulenspiegel. Bei der Bemalung der Fayencen wurden die verschiedensten Vorlagen, auch Volkstypen, verwendet.

Abbildung 16

Platte. Durchmesser 45 × 35 cm, Hannoversch-Münden, 2. Hälfte 18. Jahrhundert

Das höfische Paar in einer Parklandschaft ist eine oft als Motiv verwendete galante Szene.

Die Manufaktur in Münden bei Hannover bestand von 1737 bis 1854 und begann in einer Zeit zu produzieren, als das deutsche Porzellan schon eine Rolle spielte. Die Platte zeigt die für Münden übliche farbige Verzierung.

Abbildung 17

Truthahn. Höhe 14 cm, unbekannte Manufaktur, um 1750
Die Deckeldose in Form eines Truthahnes verwendete man zum Servieren von Pasteten. Festliche Tafeln wurden in jener Zeit häufig mit naturalistisch gebildeten Geräten geschmückt, zum Beispiel Kohlköpfen, Spargelbündeln oder Fischen.

Abbildung 18

Platte. Durchmesser 26 × 20 cm, Magdeburg, 2. Hälfte 18. Jahrhundert
Diese Platte in Blaumalerei mit einem Gitterrand könnte auch in Hannoversch-Münden entstanden sein. Sie deutet auf die Abhängigkeit der Manufakturen untereinander hin. Magdeburg war in der Herstellung von Gebrauchsgeschirr besonders produktiv. Die Manufaktur bestand von 1756 bis 1779.

Abbildung 19

Teller. Durchmesser 24 cm, Bernburg, 1. Hälfte 18. Jahrhundert
Der Teller mit dem etwas derb in Blau gemalten Laub- und Bandelwerk ist für die Bernburger Fayence typisch. Hier soll bereits in der 1. Hälfte des 18. Jahrhunderts eine Manufaktur bestanden haben. Die spätere ist eine Gründung der Fürsten von Bernburg im Jahre 1794 und existierte bis 1885. Über die Bernburger Erzeugnisse ist noch immer wenig bekannt.

Abbildung 20

Walzenkrug. Höhe 22 cm, Erfurt, 1. Hälfte 18. Jahrhundert
Chinesen in einer Landschaft mit Häusern zeigt der in Scharffeuerfarben bemalte Krug. Form und Motiv sind bei den Erzeugnissen der Thüringer Manufakturen häufig. Der Krug hat eine Zinnmontierung und trägt die Meistermarke des Malers Georg Matthäus Schmidt, der von 1737 bis 1753 in Erfurt tätig war.

Abbildung 21

Sternschüsselchen. Durchmesser 18 cm, Halle (Saale), 1740
Das achteckige, blaubemalte Sternschüsselchen mit dem Monogramm
PL (Peter von Ludwig, Kanzler der Universität Halle von 1722–1743)
und einer Inschrift soll aus einem für den Studentenfreitisch bestimmten
Service stammen.
Die Manufaktur in Halle wurde 1736 von Daniel Christoph Fleisch-
hauer gegründet, der vorher in Thüringen tätig war. Sie bestand etwa
40 Jahre.

Abbildung 22

Tüllenvase. Höhe 25 cm, Dorotheenthal, 2. Hälfte 18. Jahrhundert
Die in Blau gemalte Vase zeigt Chinesen in einer Landschaft und hat pla-
stische Griffe in Eidechsenform.
Die Erzeugnisse der Dorotheenthaler Manufaktur (1716–1806) sind eine
besondere Leistung innerhalb der Thüringer Fayencen.

Abbildung 23

Helmkanne. Höhe 22 cm, Zerbst, 1. Hälfte 18. Jahrhundert
Die Bezeichnung erklärt sich aus der Form. Die hohe Kanne mit geriffelter Leibung ist mit Blumen in Scharffeuerfarben bemalt.
Unter der Herrschaft der damaligen Fürsten von Zerbst gründete der
aus Ansbach kommende Johann Kaspar Rib (Ripp) 1721 die Zerbster
Manufaktur. Anfangs wurden Berliner Formen für die Modelle benutzt,
jedoch in der 2. Hälfte des 18. Jahrhunderts entwickelte sich Zerbst zu
einer der bedeutendsten deutschen Manufakturen; sie bestand bis 1861

Abbildung 24

Walzenkrug. Höhe 18 cm, Ansbach, 1. Hälfte 18. Jahrhundert
Der Dekor zeigt eine Wildschweinjagd in chinesischer Landschaft.
Diese Malerei wurde nach dem Vorbild von chinesischem Porzellan um
1700 (Regierungszeit des Kaisers Kangxi) in hellen transparenten Muffelfarben, besonders in Grün, ausgeführt. Die chinesische Porzellangat-
tung wird deshalb »famille verte« oder »grüne Familie« genannt.

Abbildung 25

Potpourri. Höhe 33 cm, Länge 23 cm, Hannoversch-Münden, Hans Friedrich Zimmermann (1774–1791)
Potpourris wurden seit 1745 – ausgehend von Straßburg – in ganz Deutschland hergestellt und versorgten die Räume mit Blütenduft. Eine Mischung aus Wasser, Salz, allerlei Blüten und Gewürzen wurde in besondere Gefäße gefüllt. Meist war ein Potpourri der Vasenform nachgebildet, aber es gibt sie auch in dieser ovalen, mehr den Schüsseln ähnlichen Formen.

Abbildung 26

Henkeltopf. Höhe 15,5 cm, Nürnberg, um 1725/30
Bauchiger Krug mit breitem oberen Rand und flachem Ohrhenkel. Zwei deutsche Blumensträuße in blauer Scharffeuermalerei zieren die Wandung. Ab oberen Rand befindet sich auf dem Henkel ein Spiralmuster. Dieser Krug, der in einfachen Küchen täglich Verwendung fand, beweist das Können des Keramikers auch bei alltäglichen Gefäßen.

Abbildung 27

Stangenvase. Höhe 47 cm, 1700 bis 1710 Berlin, Gerhard Wolbeer
Die stark geriffelte Wandung dieser Vase, im unteren Teil leicht gebaucht, läßt die Motive in Blaumalerei, Chinesen in Landschaften und Blumen, undeutlich und nur als Farbwirkung erscheinen.

Abbildung 28

Terrine mit Deckel. Höhe 25 cm, Durchmesser 30 cm, Niederweiler, Mitte 18. Jahrhundert
Auffällig an dieser Terrine mit Deckel und einem plastischen Knauf sind die leuchtend bunten Muffelfarben deutscher Blumenmalerei und die schöne Glasur.
Niederweiler wurde 1754/55 als Konkurrenzunternehmen zu Straßburg gegründet. Bereits in den sechziger Jahren des 18. Jahrhunderts begann man mit der Produktion von Porzellan und übernahm hierbei Formen und Dekore der Fayencen. Die Manufakturen mußten häufig den Weg der Porzellanherstellung selbst finden. So stellt diese Terrine hinsichtlich der Masse einen Übergang von der Fayence zum Porzellan dar.

Abbildung 29

Göttin Guan Yin. Höhe 18 cm, Dresden, Anfang 18. Jahrhundert
Die Ausformung der Göttin mit Kind erfolgte nach dem Modell einer
chinesischen Porzellanfigur. Der Sockel besteht aus zwei Tierköpfen.
Die Bemalung in den Lackfarben Schwarzbraun, Grün und Gelb ergibt
ungewöhnliche Wirkungen.

Abbildung 30

Enghalskrug. Höhe 19 cm, Schrezheim (Württemberg), 1. Hälfte
18. Jahrhundert
Dieser zierliche Krug mit gerippter Leibung und einer Zinnmontierung
ist mit Blumen in Blaumalerei bemalt. Diese Form gibt es auch häufig in
anderen schwäbischen Manufakturen (Göggingen usw.). Die Schrezhei-
mer Manufaktur wurde 1752 von J. Bux gegründet. Sie bestand über
100 Jahre und stellte ausgezeichnete Öfen und Kacheln her, kopierte
aber bedenkenlos Erzeugnisse anderer Manufakturen.

Abbildung 31

Schreibzeug. Höhe 7,8 cm, Länge 17 cm, Breite 10 cm, Bernburg, um
1740
Die rechteckige Platte steht auf vier spitzen Füßen. Hinter der Feder-
schale befindet sich ein höherer Kasten mit überstehender Platte, in der
das Tinten- und Streusandgefäß eingesetzt sind. Der hellgelbe Scherben
ist weiß glasiert und mit blauer Malerei geschmückt, die Bandelwerk
und Blütenornamente zeigt. Auf der Rückseite befindet sich eine Kartu-
sche. Das Monogramm I. I. H. konnte nicht identifiziert werden.

Abbildung 32

Tafelaufsatz. Höhe 22 cm, Schrezheim (Württemberg), um 1770
Der Tafelaufsatz, der von zwei Delphinen getragen wird, hat eine profi-
lierte Standplatte, die mit Streublumen geschmückt ist. Die Schwänze
der Delphine tragen die obere muschelförmige Schale.

Description of the illustrations

Jacket: Narrow-mouthed jug, Nuremberg, painted by the studio painter (*Hausmaler*) Bartholomäus Seuter before 1754

1 Plate with portrait of a rich citizen in blue, Nuremberg, 1536
2 Shaving-basin from the well-known factory at Erfurt, *c.* 1750
3 Chocolate-pot with the arms of Bavaria, Ansbach/Bavaria, 1st half of 18th century
4 Narrow-mouthed jug, tin-mounted, painted in purple by a Nuremberg studio painter, Nuremberg, late 17th century
5 Narrow-mouthed jug, Ansbach, mid-18th century
6 Plate with the main type of motifs of the Bayreuth misty blue: fruit-baskets and birds, Bayreuth, first half of 18th century
7 Fan-shaped platter with east Asian motifs, first half of 18th century
8 Pear-shaped jug with chinoiseries, Frankfort-on-the-Main, *c.* 1700
9 Two vases decorated with east Asian flowers, Ansbach, early 18th century
10 Jug with painting in blue, Hamburg, *c.* 1680
11 Vase with floral painting, Rudolstadt, 1st half of 18th century
12 Small figure of a boy in the style of china figurines, Höchst, *c.* 1770
13 Coffee-pot painted with flowers and birds in the German style, Moosbach, 2nd half of 18th century
14 Pendant vase, Gera, *c.* 1760
15 Two bottle-shaped vases with the motif of Till Eulenspiegel, Berlin, 1st half of 18th century
16 Platter with a gallant scene, Hannoversch-Münden, 2nd half of 18th century
17 Container with lid in the form of a turkey, unknown factory, *c.* 1750
18 Platter with brim in the form of trellis-work, Magdeburg, 2nd half of 18th century
19 Plate painted with leaf and strap-work, Bernburg, 1st half of 18th century

20 Tin-mounted tankard painted with Chinese in a landscape, Erfurt, 1st half of 18th century
21 Octagonal star-shaped small dish, Halle, 1740
22 Vase with handles in the form of lizards and a ring of spouts, Dorotheenthal, 2nd half of 18th century
23 Helmet-shaped vessel with slightly cannellated sides, Zerbst, 1st half of 18th century
24 Cylindriform jug painted with a hunting scene, Ansbach, 1st half of 18th century
25 Pot-pourri, brought a scent of flowers into the room, Hannoversch-Münden, 2nd half of 18th century
26 Pot with handle from Nuremberg, *c.* 1725/30
27 Slender vase with painting in blue, Berlin, between 1700 and 1710
28 Covered tureen from Niederweiler, mid-18th century
29 Goddess Guan Yin, after a Chinese porcelain figurine, Dresden, early 18th century
30 Small tin-mounted narrow-mouthed jug, Schrezheim
31 Ink-pot and pounce, Bernburg, *c.* 1740
32 Centrepiece supported by two dolphins, Schrezheim (Wurttemberg), *c.* 1770

Пояснения к репродукциям

На передней стороне переплёта: Узкогорлый кувшин, расписанный нюрнбергским кустарём, изображающий бога любви Амура. До 1754 г.

1 Тарелка с портретом патриция. Нюрнберг, 1536 г.
2 Чаша для бритья из Эрфуртской фаянсовой мануфактуры. Ок. 1750 г.
3 Кувшинчик для шоколада, с изображением герба Баварии. Ансбах (Бавария), 1-я половина ХУШ в.
4 Узкогорлый кувшин, расписанный нюрнбергским кустарём в алом цвете. Конец ХУП в.
5 Узкогорлый кувшин из Ансбаха (Бавария), середина ХУШ в.
6 Тарелка с изображением корзин для фруктов и птиц. Байройт, 1-я половина ХУШ в.
7 Веерообразное блюдо с восточноазиатскими мотивами. Мануфактура в г. Ханау, 1-я половина ХУШ в.
8 Грушевидный кувшин с росписью в китайском стиле. Франкфурт-на-Майне, ок. 1700 г.
9 Две вазы, расписанные цветами в восточноазиатском стиле. Ансбах, начало ХУШ в.
10 Кувшин с синей монохронной росписью. Гамбург, ок. 1680 г.
11 Ваза с изображением цветов. Рудольштадт, 1-я половина ХУШ в.
12 Фигурка из г. Хёхст обнаруживает сходство с фарфоровыми фигурками ХУШ в.
13 Кофейник, расписанный цветами и птицами в немецком стиле. Мосбах, 2-я половина ХУШ в.
14 Висячая ваза из г. Гера, ок. 1760 г.
15 Две вазы в форме бутылки с мотивом, изображающим знаменитого плута Эйленшпигеля. Синяя монохромная роспись, Берлин, 1-я половина ХУШ в.

16 Блюдо с изображением галантной сцены, г. Ганноверш-Мюнден, 2-я половина ХУШ в.

17 Ваза с крышкой в виде индюка. Неизвестная мануфактура, ок. 1750 г.

18 Блюдо с решётчатыми краями. Синяя роспись цветами в немецком стиле. Магдебург, 2-я половина ХУШ в.

19 Тарелка, украшенная листовым и плетёным орнаментом. Бернбург, I-я Половина ХУШ в.

20 Цилиндрическая кружка с изображением китайского пейзажа и китайцев. Эрфурт, I-я половина ХУШ в.

21 Мисочка в форме восьмиугольной звезды с монограммой. Галле, 1740 г.

22 Ваза с восемью носиками и ручками в виде ящериц. Доротеенталь, 2-я половина ХУШ в.

23 Кувшин в форме шлема с рифлёными стенками. Цербст, I-я половина ХУШ в.

24 Цилиндрическая кружка с сценой охоты на кабана. Ансбах, I-я половина ХУШ в.

25 Миска, которую наполняли жидкостью с цветочным ароматом. Ханноверш-Мюнден, 2-я половина ХУШ в.

26 Кувшин из Нюрнберга, ок. 1725–1730 гг.

27 Ваза в форме колонны с глубоко рифлёными стенками. Берлин, ок. 1700–1710 гг.

28 Суповая миска с крышкой. Нидербайлер, середина ХУШ в.

29 Богиня Гуан Йин, по образцу китайской фарфоровой фигурки. Дрезден, начало ХУШ в.

30 Изящный узкогорлый кувшин из Шрецхайма.

31 Письменный прибор с чернильницей и сосудом с песком для посыпания написанного. Бернбург, ок. 1740 г.

32 Высокая ваза для празднично убранного стола, поддерживаемая двумя дельфинами. Шрецхайм, ок. 1770 г.